漫畫

中華傳統美德

禮數

上尚印象　著／繪

新雅文化事業有限公司

www.sunya.com.hk

漫畫中華傳統美德
禮數

作　　者：上尚印象
繪　　圖：上尚印象
責任編輯：潘曉華
美術設計：黃觀山
出　　版：新雅文化事業有限公司
　　　　　香港英皇道 499 號北角工業大廈 18 樓
　　　　　電話：（852）2138 7998
　　　　　傳真：（852）2597 4003
　　　　　網址：http://www.sunya.com.hk
　　　　　電郵：marketing@sunya.com.hk
發　　行：香港聯合書刊物流有限公司
　　　　　香港荃灣德士古道 220-248 號荃灣工業中心 16 樓
　　　　　電話：（852）2150 2100
　　　　　傳真：（852）2407 3062
　　　　　電郵：info@suplogistics.com.hk
印　　刷：中華商務彩色印刷有限公司
　　　　　香港新界大埔汀麗路 36 號
版　　次：二〇二一年十一月初版

ISBN: 978-962-08-7871-8
© 2021 Sun Ya Publications (HK) Ltd.
18/F, North Point Industrial Building,
499 King's Road, Hong Kong
Published in Hong Kong, China
Printed in China

中國歷史上下五千年，國土縱橫數萬里，作為世界四大文明古國之一，歷代先人給我們留下了珍貴豐厚、博大精深的歷史文化遺產。

在中國悠久漫長的歷史長河中，雄偉壯觀、震驚世界的歷史古跡；浩如煙海、舉世無雙的文化典故；絢麗多彩、獨具特色的民族藝術；燦若星辰、光芒四射的文化名人……靜靜地訴説着自己的前世今生，書寫着興廢盛衰的滄桑過往，凝聚着歷代人民的心血智慧，展現着民族文化的生生不息。

《漫畫中華傳統美德》系列以傳播文化、啟迪心靈為原則，通過漫畫的形式，將發人深省的歷史故事、博大精深的中華文化，融入絢麗多彩的畫面中，務求圖文並茂，寓教於樂，讓小讀者在輕鬆閱讀的同時，感受中華文化的魅力和民族智慧的力量。

現在，就讓《漫畫中華傳統美德》帶你開始這段奇妙的文化之旅吧！

目錄

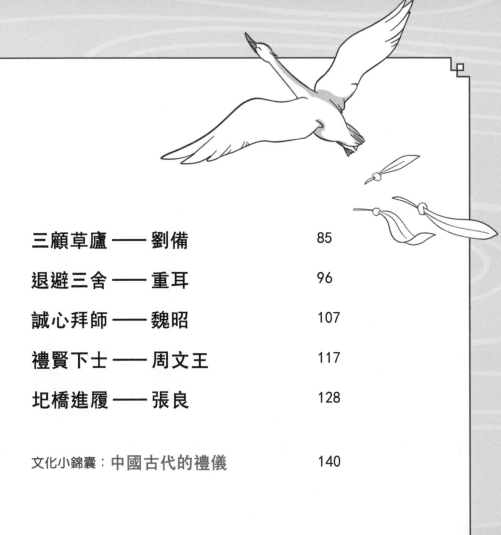

古老的中華文化源遠流長,在五千年的歷史長河中,中國不僅創造了豐富多彩的歷史文明,也孕育出高尚的道德禮儀和行為準則,因此,中國被稱為「禮儀之邦」。

儒家曾提出「五常」,即仁、義、禮、智、信,可見古人對禮的重視程度。禮,在日常生活、工作,以及為人處世中都佔有重要的地位。日常生活中,我們需要尊老愛幼;工作和學習時,我們需要虛心學習;與人相處時,我們需要抱着公平公正的心和謙遜的態度。

由此可見,「禮」不僅指禮貌,更是我們所做的一切行為的依據。因為心中有「禮」,所以待人接物時會懂得尊重對方,從對方的角度思考,為對方設想;而在別人眼中,自己也就成為一位懂禮守禮的謙謙君子了。

程門立雪——楊時

楊時（公元1053年－1135年）是宋朝的文學家。為了求學，他不惜在冰天雪地中恭候多時，終拜得大學問家程頤為師。楊時求學的誠意，反映了他尊師重道的精神。

楊時

深夜，年邁的程頤望着大門方向，若有所思。

爺爺怎麼了？

爺爺，您在想什麼？

孩子，我給你講個故事吧。

太好了！

從前，有一個名叫楊時的孩子，天資聰穎，有「神童」之稱。

博學之，審問之，慎思之，明辨之，篤行之。

楊時

從小到大，楊時都非常用功讀書。

二十多歲時，楊時參加科舉，考中了進士。

唉，我的實力還是不足以擔任現在的官職啊！

楊時被任命為徐州司法，可是他覺得自己學識不足，需要多讀些書，便婉拒上任。

楊兄，你為什麼辭官呢？

我的學問不夠，需要請名師指點。

那你有人選嗎？

是的，已經有了。

楊時所說的名師就是當時著名的理學大師程顥。

程顥

你放棄了官職拜我為師，值得嗎？

程府內，楊時叩拜程顥，請求拜他為師。

學習比任官重要多了！

12

程頤也是一位理學大家，和哥哥一起被後世尊稱為「二程」。

程頤

二人不停趕路，終於來到程頤的家。

你們是誰？

我名叫楊時，他是我的朋友，我們有事想要請教程先生。

我們誠心請教，願意在這裏等候。

我家先生正在休息，請你們改日再來吧。

過了一個時辰，門童發現二人還站在門外。

他們不覺得冷嗎？

13

楊兄，回去吧，太冷了！

不，一來一回太花時間，我們再等等吧。

那我去敲門吧，我們進去等。

不，這樣會吵到先生的。

我們既然要請教先生，多等一會兒也是應該的。

雪越下越大，很快他們身上就積了厚厚的一層雪。

14

雪太大了，你們還是回去吧！

不，我有問題要請教，一定要等到程先生。

又過了一個時辰，門童發現二人還站在門外。

那你們進屋等吧，外面太冷了，小心生病。

謝謝你的好意。

先生還沒有起來，我們就在門外等吧。

門童無奈地關上門，二人繼續恭敬地站在雪中等候。

15

不一會兒，程頤醒了，發現外面下了雪。

先生，外面有兩個人等您半天了。

這麼大的雪，你怎麼不讓他們進來等呢？

我請了，可是他們怕打擾您休息。

你這孩子……

快把他們請進來，再準備些熱茶和糕點吧。

我家先生醒了，兩位快進來吧！

好的，謝謝。

16

屋內,楊時和友人終於見到了程頤。

程先生。

兩位快請坐,都怪門童不懂事。

不怪他,是我自己要等的。

程先生,我是您哥哥程顥的學生,在學習上我仍然有不懂的問題,想要拜您為師,繼續學習。

是啊,楊兄求學心切呢。

你不辭辛苦,不畏嚴寒,我哪有拒絕的道理啊!

老師,請喝茶!

就這樣,楊時拜程頤為師了。

程頤握着孫子的手，語重心長地講着故事。

孩子，故事講完了，你聽懂了嗎？

聽懂了，爺爺。

爺爺，您是不是被楊時這種求學心切、尊重師長的精神打動了呢？

是啊，希望你將來也可以學習他這種崇高的精神，成為棟樑之才。

嗯，我一定會的！

程頤望向門外，彷彿又看到了那兩個滿身積雪的人。

― 楊時的故事完 ―

君子之交淡如水
——薛仁貴

薛仁貴（公元614年－683年）是唐朝大將，他與恩人王茂生之間的相處平淡如水，但彼此遇上難關時都會互相扶持，流露出十分珍貴的友情。

在一個破舊的院子內，一個衣衫襤褸的男子站在樹下。

我祖上曾經那麼風光，我卻落魄至此，真是沒臉繼續活下去了。

夫君，你死了我怎麼辦？

慢着！

20

我們素不相識，您卻無私地幫助我，您真是個大好人！

他們一見如故，決定結拜為異姓兄弟。

我叫薛仁貴。

我叫王茂生。

多謝你們。

你別擔心，以後沒飯吃就來我家拿米吧。

沒問題的。

這……合適嗎？

大哥，小弟不勝感激。

你就別客氣了。

21

一日，薛仁貴來王茂生家中討米。

大哥，請問您在家嗎？

大哥，可以借點米給我嗎？

快進來。

多謝大哥。

別客氣，缺什麼就跟我說吧。

之後，薛仁貴經常去王茂生家中借米。

你想說什麼呢？

老爺，薛仁貴太能吃了，我們的米也不多了。

我答應過要照顧他的，大丈夫說到就要做到！

唉，我也的確不富裕啊！

王茂生夫婦只是做些小生意，剛好足夠溫飽，要幫助薛仁貴的確有點困難。

大哥，您現在也過得不好吧？

沒有這回事，你多心了。

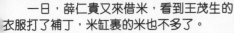

一日，薛仁貴又來借米，看到王茂生的衣服打了補丁，米缸裏的米也不多了。

大哥，您自己有困難還要來幫助我，您的恩情我沒齒難忘。

別多禮，快快起來！

一日，朝廷徵兵，薛仁貴決定入伍當兵。

就這樣，薛仁貴開始了從軍生涯。

衝啊！

他四處征戰，屢戰屢勝。

薛仁貴接旨！

臣接旨！

薛仁貴因軍功無數，被封為「平遼王」。

平遼王府

請問薛將軍在嗎？

想要跟薛將軍打好關係，真不容易啊！

薛將軍又不見客了。

薛仁貴當上平遼王後，前來送禮求見的人絡繹不絕，可都被他拒絕了。

王茂生家中。

老爺，聽説薛仁貴做了大官呢！

是啊，該去恭喜他的。

王茂生拿着兩壇清水來找薛仁貴。

小弟，恭喜你！

大哥，我好想您！

他們在屋內喝茶，婢女們打開壇子，發現裏面裝的是清水，心生不滿。

這人真小氣！

兩壇清水算什麼禮物？

過了一會兒，薛仁貴來到院中，舀了一瓢王茂生送來的清水喝。

老爺，這人只送了兩壇清水，根本不把您放在眼裏。

26

他送給我什麼並不重要，兄弟情比任何禮物都要貴重。

在院子的另一邊，王茂生的心裏七上八下的。

薛老弟發達了，肯定看不起我了，我還是回去吧。

大哥，您這次來，小弟非常高興！

小弟，我要回去了。

後會有期！

看到你現在一切都好，我也就放心了。

27

王茂生回到家後，發現自己的家已經從破舊的屋子搬到了大庭院，連妻子也打扮得漂漂亮亮。

夫人，這是我們的家嗎？

老爺，您回來了！

到底發生了什麼事？

你一定想不到的！

你走後不久，薛弟就派人來了，僅給我們買了子，還送了我首和衣服。

大哥，您來我府上做總管吧！

來，喝！

原來是薛老弟！他沒忘記我們的兄弟情！

王茂生再次拜訪了薛仁貴，二人把酒言歡。

王茂生盡心地把薛府打理得井井有條，他和薛仁貴的兄弟情誼更加深厚了。

題，我會做得約！

── 薛仁貴的故事完 ──

29

虛心求教——孔子

孔子（公元前551年－前479年）是春秋時期的魯國人，創立了儒家學說，門下弟子三千人，後世尊稱他為「至聖先師」。孔子學識淵博，但仍力求精進學問，誠心向人求教。

孔子

三人行，必有我師焉。

先生，休息一會兒再看吧。

嗯，我先把這卷看完。

有些事情我想不明白，需要去請教一下老子呢。

一日，孔子的學生南宮敬叔前來拜訪。

敬叔，我要去拜訪老子，你隨我一同前去吧！

是的，老師。

我有機會向大學問家學習，真令人期待。

隨後，孔子收拾了大量書籍，準備出發。

都慢着點，輕拿輕放。

書籍都裝好了。

先生的學問足夠好了，為何還要舟車勞頓去找老子呢？

學無止境，我也有不懂的問題的。老子博古通今，我自然要向他請教。

到達目的地後，孔子便去拜訪老子。

先生，您坐車去吧，這裏離老子的家比較遠。

不，既然是向人請教，我還是走過去，更顯誠意。

33

我有一事不懂，請先生教我。

不用客氣，請說吧。

道是沒有實質形態的，需要自己領悟出來。如果一個人對於大道沒有深刻的認識，大道是不會紮根於他心中的。

弟子致力求道二十年，至今仍未見大道，為什麼呢？

二人相見甚歡，徹夜詳談。

我周遊列國，拜見了多個國君，可是沒有一個認真採納我的意見。

你的經歷和學過的知識都是有用的，但有些東西並非永恆的真理。順應自然的變化而不為物慾所牽絆才是重要。

我自問已經努力鑽研學問，為什麼還是沒能說服各國國君呢？

向你介紹，是萇弘。

久仰大名。

拜！

隨後，老子將樂藝精湛的萇弘介紹給孔子。

又讓孔子參加祭神的典禮，學習禮儀。

幾日後，孔子向老子辭行。

聽聞富貴人家送行時贈人錢財，有德之人則向人贈言。我是個窮人，只好盜用有德之人的名義送你幾句話。

老師，請說。

聰慧的人經常遇到困境，是因為他喜好議論別人；學問淵博的人常遇兇險，是因為他喜好揭發別人的罪惡。做人子女應該心存父母，不該只想到自己；做人臣子應該心存君上，不能只顧自己。

老子和孔子走了一段路，來到了黃河岸邊。

黃河之水奔騰不息，人的青春年華一去不返。河水不知往何處去，人生之路又會通向何處？

這世間所有的一切都是自然之道，你有什麼可憂愁的？

36

孔子告訴老子，自己憂愁的正是現在戰事頻繁，民不聊生的苦況。

老子告誡孔子，做人應該像黃河之水，可以滋潤萬物，卻從不與萬物相爭。

之後，孔子啟程回去魯國。

弟子受教了。

保重。

孔子回家後，一言不發，整日手不釋卷。

先生回來後，整日都在看書，這是怎麼了？

先生一句話也不說，怎麼辦？

一日，孔子的學生子貢前來拜訪。

老師怎麼了？

先生已經三日沒有說話了。

子貢

我去看看吧！

老師，聽説您一直不説話，是身體不舒服嗎？

不，我只是在思考老子説的話。這次拜訪，我受益匪淺啊！

願聞其詳。

如果是一隻飛鳥，我可以用箭將牠射下來。

負荊請罪──廉頗

廉頗（約公元前327年－前243年）是戰國時期趙國的名將。他因誤會了藺相如（藺：粵音論），大為慚愧，為表歉意，於是裸身負荊條，上門請罪。

廉頗

愛卿果然說到做到！

和氏璧完璧歸趙。

秦國聽聞趙國有一塊和氏璧，想用城池換取。趙王就派藺相如出使秦國。秦王反悔不肯送出城池，藺相如憑藉自己的才智將和氏璧完好無損地帶回趙國。

藺相如

恭喜大人凱旋而歸。

大人真厲害！

將軍。

退朝後，大臣們都在恭喜藺相如，廉頗對此十分不滿。

廉頗

我廉頗為趙國出生入死，你藺相如單憑一張嘴就與我平起平坐？

將軍，別生氣！

藺相如就是個耍嘴皮子的人，等我見到他一定給他好看！

將軍說得對。

將軍軍功無數，那藺相如根本不能和您相比！

深夜，藺相如家中。

老爺，外面的人都說廉將軍對您很不滿。

沒關係，隨他說去吧，我問心無愧。

可是……

你去打聽一下，廉將軍今天去上朝嗎？

是的，老爺。

第二天，藺相如早早起牀，穿戴好朝服準備上朝。

老爺，廉將軍今天去上朝了。

是的，老爺。

那我今天告假，不上朝了。

藺相如為躲避廉頗，一連幾天都沒上朝，引得大家議論紛紛。

聽說，老爺為了躲避廉將軍，都不去上朝了。

可不是嘛，都好幾天了。

一日，藺相如坐馬車出門辦事，迎面碰到了廉頗的馬車。

駕……

老爺，前面過來的是廉將軍的馬車。

我們怎麼辦？

快，掉頭。我們繞道走，千萬別和他碰面。

知道了，老爺。

現在外面的人都瞧不起我們藺府的人。

沒想到大人居然這樣怕廉將軍。

我們還是另謀出路吧！

大人這樣怕事，我們沒法再留在您身邊了！

請大人准許我們離去。

你們的想法我都知道，不如先聽我說說原因，聽完你們想走我也不攔着。

你們説，秦王和廉頗，哪個厲害？

這還用説？

當然是秦王了。

我連秦王都不怕，還會怕廉將軍嗎？

趙國強大是因為有我和廉將軍，如果我們內鬥，豈不是給了他人機會？一切要以大局為重啊！

大人高明！

慚愧啊！

大人用心良苦，我們太膚淺了。

一日，早朝的時候。

他們在議論什麼？

大人，你還沒聽說嗎？

？

藺大人說不與您正面衝突是為了國家的安穩，不給他國可乘之機啊！

原來是這樣！我還以為他是怕我！真慚愧啊！

廉頗脫下衣服，赤裸上身，毅然將荊條綁在背上。

嗚嗚，道歉也不用傷害自己啊！

給我綁結實點，這樣才有誠意。

為何不穿衣服，還背着荊條？太丟臉了！

這不是廉將軍嗎？

廉頗來到藺府門口。

去敲門。

藺相如府上的僕人見到廉頗，嚇了一跳。

是廉將軍？

49

50

我們身為臣子，當然要以國家為重，我只是做了為人臣子該做的事情。

廉將軍不必太過自責，快進府裏休息一下吧。

藺大人，您大人有大量，廉某自愧不如。

廉將軍言重了。

多謝藺大人原諒。

二人誤會解除，矛盾化解，繼續同心協力保衞趙國。

51

── 廉頗的故事完 ──

知錯能改—— 孟子

　　孟子（公元前372年－前289年）是戰國時期的鄒國人。年幼時的孟子很貪玩，沒有認真學習。在母親的苦心引導下，他終於明白學習的重要。

孟子

年邁的孟子站在樹下，若有所思地望向遠方。

老師，您有心事？

我只是想到了我的娘親，沒有她就沒有現在的我啊！

孟子從小就很聰明，他的母親希望他能好好讀書，成就一番事業。

孝……

孟子

孟子三歲時，父親去世，從此他與母親相依為命。

夫君，嗚嗚……

爹……

孩子，你一定要用功讀書啊！

父親去世，家裏沒有了經濟來源，孟子的母親只能靠紡紗織布來維持生活。

不管生活多艱苦，娘都希望你能做個知書識禮的人。

孟子家旁邊是一片墳地，孟子和小伙伴們經常看到前來哭喪的人。

嗚嗚……

不要丟下我們啊！

嗚嗚，你怎麼就這樣走了呢！

哎呀！

我們扮得真像！

時間久了，他們也學着扮哭喪玩遊戲。

天快黑了，你們快回家吧。

哭喪不是遊戲，以後別玩了。

我知道了。

54

孟母帶着孟子搬家了。

再見了，伙伴們，我會想你們的！

再見。

孩子終於可以安心念書了。

這個多少錢？

五文錢。

孟子的新家旁邊有一個賣豬肉的攤檔，檔主整日衣衫不整、言語粗俗。

孟子和新的小伙伴們又開始學起了賣豬肉。他每天只顧着玩，不再讀書。

你這兒都有什麼呀？

應有盡有。

成交！

五文錢，你賣不賣？

孟母見到了，十分傷心。

你怎麼會玩叫賣的遊戲呢？

娘哭了，我不想娘難過啊！可是，我到底做錯了什麼？

娘，玩叫賣遊戲有什麼不好嗎？我覺很好玩啊！

孟母聞言，心裏更是難過。她一邊垂淚，一邊告訴兒子，他的年紀還小，應該以學習為重，不能只顧玩樂。

娘，對不起，我令您操心了，嗚嗚……

孩子，娘希望你用功讀書，將來做個有德行、有學問的人。

就這樣，孟子和母親又一次搬家了。

孩子，我們該走了！

再見了，伙伴們！

這次，他們搬到了一間書院旁。

孟子每天都能聽到書院內的讀書聲。

孟子經常到書院門口偷聽講課。

他們在念什麼呢？

下課後，孟子總能見到彬彬有禮的學生。孟子學着他們的模樣，漸漸地學會了禮儀。

你好！

你好！

孟子非常喜歡書院，於是去了書院學習。

老師，我想來學習！

孟子每天興高采烈地去書院學習、讀書。

有時候，孟子也流露出小孩子貪玩的本性。

放學了？

娘，我回來了！

他想跟小伙伴們去玩，不想上學。

今天書院教了什麼？

沒教什麼。娘，我可以不上學嗎？

啾！

孟母很難過。她用剪刀剪斷了剛織好一半的布。

我不織了！

娘，布已織了一半，為什麼要剪斷呢？多可惜啊！

織布要從一根根絲線開始,每天一小段一小段地織,花很長時間才能織成一匹布。

娘……

學習就像織布一樣,要持之以恆,不能半途而廢,否則就像這匹布一樣,前功盡棄。

孩子,娘也是為了你好啊!

娘,我知錯了!

娘,您的良苦用心我都知道了,以後我一定用功讀書,不辜負您的期望。

好孩子!

年邁的孟子輕撫着院子裏的一台織布機。

娘就是用這台織布機供我讀書的啊！

讀書和織布一樣，要專心致志，經年累月，才能有所成就。

做人更要不斷修煉自己的品行。

學生記住了！

小時候的孟子知錯能改，並且在母親的教誨下明白了學習的重要性，成為繼承和發揚孔子思想的重要儒家學者，後世尊稱他為「亞聖」。

— 孟子的故事完

尊老愛幼──花木蘭

相傳中國古時候有個名叫花木蘭（生卒年不詳）的女子，因父親年紀老邁，弟弟年紀還小，於是接了朝廷的軍帖，代父從軍，上陣殺敵。

學堂內，一羣學生正在學習。

自古以來有很多英雄豪傑，他們保家衞國，受人敬仰……

老師，上戰場的是不是都是我們男子，沒有女子的呢？

未必，今天我給你們講個故事吧！

北魏時期，有一個驍勇善戰的將軍，名叫花弧。

花弧

花弧有兩個女兒一個兒子，長女名叫木蓮，次女名叫木蘭。
卸甲歸鄉的花弧每天都要求自己的兩個女兒練武。

加油！

花木蘭

何時才能休息啊？

花木蓮

累死我了！真羨慕弟弟年紀尚小，不用練功。

再堅持一會兒吧！

還是木蘭比較像我。

64

一日，朝廷急詔，要求每戶派一名男丁上戰場。

這……好吧。

我也知道我年紀大了，但國家有難，而且兒子年紀太小，只能由我出征了。

老爺，戰場兇險，萬一你有什麼事，我們怎麼辦？

深夜，木蘭輾轉反側。

爹年歲已高，身體也不好，怎麼能再上戰場呢？

我要替爹出征！

花弧拗不過木蘭，終於同意了。

我捨不得讓她上戰場。

姊姊，保重！照顧好爹娘和弟弟。

你自己要多加小心！

我也捨不得，可是沒有別的辦法啊！

這把弓你拿上，在戰場上一定要保護好自己。

女兒告辭！

就這樣，木蘭獨自一人入伍從軍了。

我一定得勝歸來，不給爹丟臉。

戰士們在元帥的帶領下，翻山越嶺，日夜兼程，奔赴前線。

行軍途中，部隊暫時休息。

女子就是清閒，不像我們男人需要上陣殺敵。

保家衛國，人人有責。女子在家中照顧家人，男子才可以無所顧忌地上陣殺敵，怎麼能說女子無用呢？

一日，木蘭軍隊的元帥被敵軍包圍！

快，下馬！投降！

投降不殺！

元帥，堅持住，我們就快到營地了。

木蘭手持弓箭，衝進敵軍的包圍，救出了元帥。

多謝這位小兄弟的救命之恩。

木蘭手臂受傷，元帥前來探望。

這是小傷，並不礙事，元帥不用掛心。

69

家鄉的人聽說木蘭回來，都在街上歡呼慶祝。

大伙兒過獎了！

花家的大英雄啊！

真厲害！

回來就好。

你可算回來了，娘很掛念你！

回家後的木蘭重新穿回女裝，過回了對鏡梳妝、織布繡花的日子。

71

一日，元帥來木蘭家中拜訪。

花將軍，久仰久仰。

彼此彼此。

元帥此次前來是為了什麼事？

您兒子在戰場上救過我，我家中有一個女兒尚未婚配，我想和您結為親家。

這萬萬不可啊！小兒得了重病，臥牀不起啊！

沒關係，病好了再成親也不遲！

無奈之下，花弧只得叫出身穿女裝的木蘭。

元帥，這就是小兒。

爹。

元帥，好久不見了。

還是個孩子？

請元帥原諒，只因爹年老，弟弟年紀尚幼，木蘭迫不得已才代父從軍！

好一個代父從軍！果然是巾幗不讓鬚眉！

元帥過獎了！

木蘭為保護父親和幼弟，自告奮勇代父從軍，最終成就一番事業。

73

── 木蘭的故事完 ──

物輕情意重
——唐太宗

唐太宗

唐太宗名叫李世民（公元598年－
649年），在位期間多國派遣使者來到
唐朝首都長安進貢。一次，回紇國丟失
了貢物，唐太宗卻沒有見怪，認為
心意比禮物更重要。

唐太宗貞觀年間，是唐朝第一個鼎盛時期。

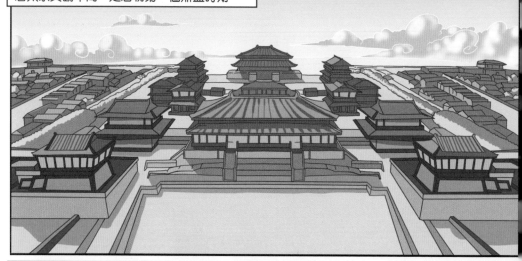

唐朝的盛世引得周邊小
國紛紛前來進貢，希望可以
和大唐交好。

貴使，
平身。

謝陛下。

其中，有一個國家和唐朝來往
頻繁，那就是回紇國。

回紇國宮內。

為了表示我們的交好誠意，本王特別為大唐皇帝準備了很多珍寶。

緬伯高

屬下定竭盡全力保護好這些珍寶。

在這些禮物中，這隻白天鵝是最貴重的。

你一定要悉心照顧牠啊！

這白天鵝要怎麼照顧呢？

路上小心啊，牠可比你還重要呢。

老爺，這是什麼？

真有趣！

這是珍品中的珍品，白天鵝！

這麼貴重的白天鵝，要餵牠吃什麼呢？

我還是貼身照顧你吧！

就這樣，緬伯高帶着數箱金銀珠寶和珍貴的白天鵝前往大唐。

76

來，多吃點兒。

緬伯高一路上都悉心照顧白天鵝。

你也下車歇一歇，透透氣吧。

一日，車隊停在湖邊休息。

嘎嘎……

白天鵝看到湖水，揮舞着翅膀，很是興奮。

你想下水嗎？恩，你的確很久沒有下水嬉戲一番了。

嘎嘎嘎……

下水去玩一會兒吧。

白天鵝在湖水中自在地游着，越游越遠。

你開心就好。

咕嚕……

啊，回來啊！

突然，白天鵝張開翅膀，飛上了天空。

78

現在就剩幾根羽毛了。真不應該放牠出來啊，都怪我！

回來！回來！

白天鵝就這樣飛走了，只留下幾根羽毛。

求你回來吧。

我們弄丟了最珍貴的禮物。

完了，這下完了。

大王肯定要怪罪我，我得想個辦法！

80

眾人雖然無奈，但是仍得繼續前往大唐。

只剩下羽毛了，只能冒險試一試。

緬伯高無奈之下，提筆作詩，希望能以此來補救。

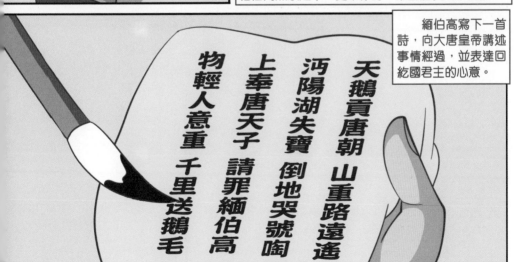

緬伯高寫下一首詩，向大唐皇帝講述事情經過，並表達回紇國君主的心意。

物輕人意重 千里送鵝毛
上奉唐天子 請罪緬伯高
沔陽湖失寶 倒地哭號啕
天鵝貢唐朝 山重路遠遙

緬伯高一行人不辭辛苦，終於抵達了唐朝都城。

來啊，瞧一瞧，看一看啊！

快看，又有使者來了！

哈哈！

玉器十件，黃金千兩……

我親自去向大唐皇帝解釋吧！

唐朝官員清點進貢物品時，緬伯高悄悄離開了。

陛下，這是禮單，請您過目。

貴使手裏拿個空籠子，是要做什麼的？

朝堂上，唐太宗親自接見了緬伯高。

陛下，小人將大王獻給您的白天鵝弄丟了，小人有罪。

緬伯高將包着白天鵝羽毛的手帕獻給唐太宗。

白天鵝只留下幾根羽毛。

好啊！這手帕上面的詩是貴使作的？

唐太宗看着羽毛，滿心歡喜。

是的，是小人作的，小人是想向陛下講明事情的經過。

唐太宗看到這首詩後，對那幾根羽毛更是喜歡。

貴使不必擔憂，朕不怪罪你。

朕不僅不怪罪於你，反而很欣賞你。你這幾根羽毛雖沒有那白天鵝珍貴，但你和貴國對大唐的心意要比任何稀世珍寶都珍貴。

多謝陛下恕罪。

千里送鵝毛，物輕情意重。緬伯高一行人順利完成任務，啟程回國了。

— 唐太宗的故事完 —

三顧草廬——劉備

劉備（公元161年－223年）是漢室後裔，也是三國時期蜀國的第一位皇帝。他生逢亂世，為了江山社稷，三次拜訪諸葛亮，希望他輔佐自己，充分反映了敬賢愛賢的精神。

劉備

深夜，諸葛亮在奮筆疾書。

朝堂上。

何事？

陛下，臣寫了一篇文章，請您過目。

諸葛亮寫下了著名的《出師表》，講述了下面這個故事。

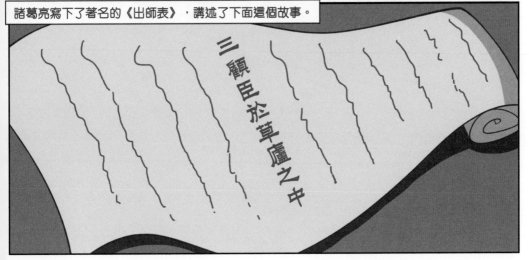

三顧臣於草廬之中

85

86

劉備逃往荊州，投靠了劉表。

劉表：你的事，我都知道了。

劉備：給您添麻煩了。

既然來了，就在此安心休養吧！

一日，劉備與司馬徽相遇。

我急需人才來幫助我，先生有合適的人選嗎？

司馬徽：有的，他名叫諸葛亮。現今局勢混亂，唯有諸葛亮這樣的人才能夠掌控全局。

諸葛亮

劉備軍帳中。

我要去拜訪一位高人！

大哥，我們和您一起去。

兄弟三人帶着禮物，前去拜訪諸葛亮。

兄弟三人來到諸葛亮的家。

麻煩您通傳一下，我們來拜訪諸葛先生。

請問三位有何事？

二哥，大哥要見的人是什麼來頭？

我也不知道。

先生不在家，你們請回吧！

小孩，他什麼時候回來？

我真的不知道啊！

又一日，天降大雪，兄弟三人又來拜訪了。

小兄弟，請問諸葛先生在家嗎？

又是你們啊，抱歉，先生又出門了。

什麼？他怎麼總不在家啊？

先生既然不在，這封信請轉交給他。

好的。

兄弟三人又一次無功而返了。

90

一日，劉備準備再去拜訪諸葛亮。

今日天氣不錯，我們再去拜訪諸葛先生吧！

大哥，那個諸葛先生恐怕徒有虛名，您就別去了！

可不是嘛，大哥要見他，我把他捆回來就好了！

我們是去請教先生的，不得無禮！

最終，兄弟三人還是一同前去拜訪諸葛亮了。

三人來到諸葛亮家中。

小兄弟，請問先生在家嗎？

先生在家，可是他在午睡，請您稍等。

這人架子太大了！

三弟，少安毋躁！

一個時辰後，諸葛亮醒了。

先生，之前來過兩次的那個人又來了。

請他進來吧。

沒事，讓您久等了。

先生，打擾您休息了，實在抱歉。

聽聞先生智謀過人，在下想向您請教一些問題。

過獎了，請說吧。

如今天下大亂，我該如何平定天下？

曹操擁兵百萬，挾天子以令諸侯，目前不宜與他正面交鋒。孫權佔據江東，那裏地勢險要，民心歸順，目前不宜強攻但可以結為盟友。

曹操

劉備

孫權

要爭奪天下，您可先取荊州，再取益州，對外聯合孫權，對內整頓內政，壯大實力，與曹操和孫權形成鼎足之勢，再圖取中原！

93

劉備聽後，恍然大悟。

不知先生願不願意助我一臂之力？

您多次拜訪，誠意十足，我願意幫助您！

二人交談後，一起走出屋外。

二弟、三弟，諸葛先生答應幫助我們了！

大哥，諸葛先生。

之後，諸葛亮為劉備出謀劃策，助他贏得數場戰役。

如今我們要乘勝追擊。

先生所言極是！

終於，劉備在成都稱帝，魏、蜀、吳三國鼎立局面正式形成。

還請先生輔助我兒劉禪啊！

劉備臨終前，將劉禪和江山託付給了諸葛亮。

主公請放心，我定當竭盡全力輔助幼主。

正是當年先帝的三顧草廬，才有了微臣發揮才能的機會。知遇之恩，微臣無以為報，餘生自當努力輔助陛下，完成先帝遺願。

劉備死後，劉禪即位，諸葛亮輔佐劉禪繼續着蜀國的大業。

── 劉備的故事完 ──

退避三舍——重耳

晉文公名叫重耳（公元前671年或前697-前628年）是春秋時期晉國的國君。他的登基之位險阻重重，幸得楚國國君楚成王幫助才化險為夷。重耳一直把這份恩情銘記在心。

約公元前656年，晉國公子重耳因被陷害，被迫出逃。

我早晚會回來的！

重耳

重耳流亡多年，來到楚國，楚成王熱情地款待了他。

多謝楚王厚待。

楚成王

為了表示我的我承諾若有一了晉國君主，楚兩國開戰，動退避三舍九十里。

多年後，重耳在秦穆公的幫助下終於重返晉國，即位為王，史稱晉文公。

晉文公

大王。

大王。

晉文公大力發展經濟，百姓安居樂業，晉國變得越來越強大。

公元前636年，東周內亂，周朝天子襄王出逃，發信請求各諸侯國派兵增援。

何事？

大王，周天子來信請您出兵相助。

各諸侯國遲遲不肯發兵。

周襄王

他們只給我們送食物，卻不派兵增援。

如今只有秦、晉兩國有實力幫助您了。

那就派人去請晉國國君吧！

我回來了！

晉文公派兵增援，並護送周襄王回去平定內亂，消滅了作亂的叛軍。

殺光這些叛賊！

多年後，楚國聯合陳、蔡、鄭、許四國，準備共同攻打宋國。

我們合力拿下宋國！

好，我同意！

五國大軍浩浩蕩蕩地來到宋國城下。

宋國國君連忙派人到晉國求助。

請幫幫我們吧！

大王，擊敗楚國，即可稱霸中原。

好，出兵宋國！

在幫助宋國的過程中，晉文公率先派兵攻佔了歸附楚國的兩個小國——曹國和衞國，俘虜了兩國君主。

不許動！

饒命啊！

楚成王聽聞晉文公出兵，十分不滿。

目前形勢不利，傳令退兵！

責令退兵的消息傳至戰場，將軍成得臣心有不甘。

大王讓我退兵，不是讓我臨陣脫逃嗎？不行！

將軍說得對！

成得臣

成得臣拒絕回朝，楚成王聽後十分憤怒。

竟然不聽我的號令，真是反了！

既然大軍不回朝,那就派兵增援吧!總不能讓他孤軍作戰的。

是!

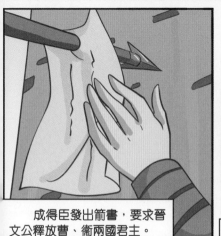

成得臣發出箭書,要求晉文公釋放曹、衞兩國君主。

本王答應恢復你們的王位,但兩位不可再與楚國聯盟了。

好的!

但實際上,曹、衞兩國已與晉國結盟。

成得臣得知兩國君主已經與晉國結盟,一氣之下出兵攻晉。

晉文公太卑鄙了!

晉軍大營內。

大王，楚軍已向我軍進發，我們還是早作準備吧！

不，傳令下去，我們向後退九十里！

將士們對晉文公的決定十分不滿。

什麼？退兵？

怎麼可以呢！

可不是嘛，大王竟然怕一個將軍，太過分了！

丈要先憑理，理直氣壯。楚王曾幫助大王，大王答應過，若交戰必先退兵十里，做人必須守用。

就這樣，晉國大軍向後退了九十里。

我已經退兵九十里，如果他們追擊，那就必須開戰了！

楚軍軍帳內。

將軍，晉軍退兵至城濮，我們下一步該怎麼辦？

103

兩軍還未交戰，晉軍就先退兵，想必是害怕我們，我們趁機追擊！

成得臣率軍追擊至城濮，與晉軍遙遙相對。

晉、楚兩軍終於正式開戰了。

晉國竟然說退兵九十里是感謝當年的救命之恩，還說我得寸進尺。本將軍不服！那就開戰吧！

成得臣收到晉文公的來信。

晉軍使用裝備精良的戰車和前後夾擊的戰術，將楚軍打得節節敗退，楚軍傷亡十分慘重。

快跑啊！

快撤退！

不要殺我們，我們投降！

傳令，我們不需要追殺，只需要將他們趕跑就可以了。

楚軍戰敗了，成得臣無顏面對楚王，揮劍自盡了。

晉軍佔領了楚國的營地，把楚軍遺棄的糧食吃了三天，得勝而歸。

將士們辛苦了！

晉軍打敗楚國的消息傳到了周朝首都雒邑（粵音：洛泣），周襄王特來犒賞晉軍。

晉文公趁此機會給周襄王建了一座新的宮殿，並相約各諸侯國訂立盟約。

我對晉國國君心悅誠服。

我們答應盟約！

晉文公在盟約中要求各國尊重周王室。至此，晉文公成為了中原霸主。

— 重耳的故事完 —

106

誠心拜師——魏昭

魏昭（生卒年不詳）是東漢時期的儒家學者，為拜東漢名士郭泰為師，不惜為他徹夜煎藥，終於感動郭泰，得其真傳。

魏昭

深夜，郭泰正在讀書。

郭泰

郭泰才學極高，淡泊名利，拒絕了出仕為官的邀請，寧願講學授徒，在讀書人中名望甚高。

今天，我和你們說說學問大家郭泰。

郭泰如此厲害，我一定要拜他為師！

魏昭

少年時期的魏昭經常聽到郭泰的大名，便立志要拜他為師。

聽聞郭先生不僅見多識廣，還非常善於教導弟子，希望我有幸能拜入他門下，多多學習！

陛下！

長大後的魏昭雖入朝為官，但拜郭泰為師的心願從不曾改變。

如今我在京城為官，郭先生住在南陽，雖然相隔兩地，但也阻不了我拜師的決心！

兩日後。

大師，我要去南陽拜師，請幫我選一個吉日吧。

今天是好日子，希望拜師順利，出發！

魏昭和他的隨從一路風塵僕僕，終於抵達了南陽。

陽南

眾人來到郭泰的家。

請問，郭先生在家嗎？

我們是從京城來的，想見郭先生一面。

當時郭泰生病了，正躺在牀上養病。

先生，有人求見。

109

何人要見我？

他是從京來的官，叫魏昭。

魏昭在小時候便有「神童」之稱。

十一歲入太學學習。

十五歲被推薦為官。

111

之後的三天裏，魏昭每天都來求見郭泰。

終於，在第三天，郭泰願意見他了。

有勞了。

大人，我家老爺有請。

不愧是學問大家，竟有這麼多藏書！

魏昭進屋後，發現屋子裏典籍眾多，書香濃郁。

在下聽聞先生學富五車，特來拜您為師。

不敢當。

郭某才疏學淺，對魏大人所問的問題也只是略知一二。

弟子誠心求學，還請老師指點。

就這樣，魏昭入住郭家，正式開始求學。

一晚，郭泰咳得厲害，下人準備給他煎藥。

老爺，我這就去給您煎藥。

咳咳咳……

主，不用你，讓魏昭去戈煎藥。

大人，老爺病了，讓您去給他煎藥。

好的，我這就去煎藥，你讓老師稍等片刻。

魏昭蹲在灶台邊，親自添柴生火。

老師，藥煎好了。

太燙了！端下去重新再煎！

魏昭馬上重新煎藥。

太苦了！再煎一次！

魏昭煎了整整一夜的藥。

我一定要煎出老師滿意的藥。

魏昭的隨從見到大人親自煎藥，十分生氣。

大人，不要再煎了，這個郭先生根本不把您放在眼裏，我們回京城吧！

不可以，郭先生是我的老師，這些都是我應該做的！

這次魏昭煎好的藥，郭泰終於全喝了。

老師，請喝藥。

你知道我為什麼要你煎藥嗎？

郭泰病癒後，要求魏昭陪他散步。

無論是什麼原因都是應該的，您是我的老師，尊敬您、照顧您都是我應該做的。

以往來拜我為師的人很多，但大多是為了功名。我起初認為你也如此，但現在我看到了你的真心，所以我要將我畢生所學都傳授給你。

多謝老師，弟子一定竭盡全力，不負您的期望。

孺子可教！

我能有今天，全靠我的恩師！

魏昭終於成為東漢時期著名的儒家學者。

— 魏昭的故事完 —

禮賢下士
——周文王

周文王（生卒年不詳）商朝末期周國的君主。在傳說故事中，周文王為了得到姜子牙的幫助，親自用車拉姜子牙到京城，而姜子牙亦依承諾保周朝天下八百年。

周文王

周文王

一晚，周文王做了一個夢，夢中出現一頭長了翅膀的熊。

這夢有古怪，莫非是上天給我的提醒？

周文王驚醒了。

第二日，周文王向大臣講述了昨晚的夢。

我昨晚夢見了一頭異獸，像是一頭熊，卻長有翅膀，你們知道這有什麼意思嗎？

臣知道渭河附近有一個名叫姜子牙的高人，別號飛熊。

快詳細說說！

此人家境貧寒，但絕頂聰明，若得此人輔助，對我周國大有裨益！

周文王聽後，立即出發，親自去拜訪姜子牙。

河邊，一名老者正在垂釣，此人就是姜子牙。

賣肉啊！

這酒不錯！

姜子牙早年當過屠夫，也開過酒館。雖然生活逼人，但他始終努力讀書，希望有一天可以施展抱負。

天不如人願，姜子牙直到七十歲也沒有機會發揮他的才能。

魚兒何時上鈎呢？

姜子牙用的魚鈎是直的。

有沒有自願上鈎的魚兒呢？

老先生，哪有你這樣釣魚的？你這樣一百年也釣不上一條魚啊！

你有所不知，我這是釣王侯將相呢！

周文王前來拜訪姜子牙。

聽聞世外高人總有一些怪脾氣，不知道這位老先生的性情如何？

老先生，冒昧問一下，您用直鈎怎麼釣得到魚呢？

願者上鈎。

老先生，您的境界真高，佩服啊！

久聞先生大名，不知先生可否助我一臂之力？

那請問，您打算讓我怎麼入京？

先生的意思是……

姜子牙邀周文王進屋詳談。

我要坐您的車。

什麼？

太大膽了！

哈哈，一切聽從先生安排。

我不僅要坐您的車，還要您親自拉車。

既然先生有此要求,我一定做到的!

是讓小人⋯⋯吧!

不可以,我既然答應了先生,就一定要做到!

先生,我實在拉不動了。

⋯⋯一會⋯⋯!

您共拉了多少步?

不多不少，一共八百七十三步。

既然如此，那我就保周國後世可以坐擁八百七十三年的天下。

只有八百多年？

先生，請快快上車，我還可以再拉一段路的。

天意如此，不可違逆。

那……好吧。

朝堂上。

封姜子牙為軍師。

謝大王。

姜子牙任軍師後，幫助周文王打了很多場勝仗。

衝啊！

殺啊！

先生當年說要保周朝坐擁天下八百多年，如今我大限已到，希望先生可以遵守約定。

若沒有您的賞識，哪有臣的今天，我答應您的事一定會做到的！

多年後，周文王病重。

陛下。

姜子牙信守承諾，盡心盡力輔佐繼位的周武王。

太師真是有心。

多年後，姜子牙年歲已高，但仍放心不下國事，便寫了一封信呈給周武王。

姜子牙在信中告知周武王，在自己去世後，將他的牌位掛在城門上，可威嚇敵軍。

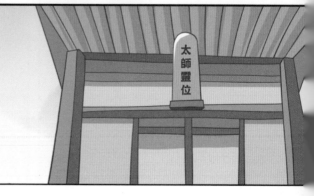

太師靈位

不久，姜子牙去世了，可他的牌位依然遵守諾言保衛着周朝。

太師靈位

這期間，百姓安居樂業。

太師一直在保佑着我們啊！

是啊！

太師靈位

很多年後，當時的周朝天子命人將姜子牙的牌位取了下來。

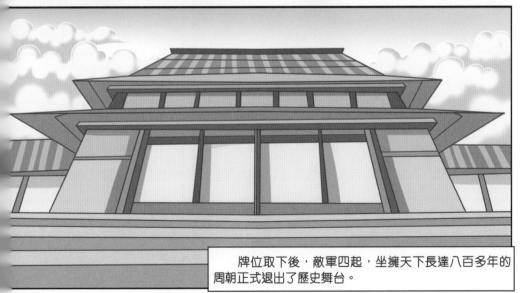

牌位取下後，敵軍四起，坐擁天下長達八百多年的周朝正式退出了歷史舞台。

── 周文王的故事完 ──

圯橋進履——張良

張良（生年不詳－前186年）是漢朝的開國功臣。少年時候在圯橋（圯：粵音兒）遇一老者，在張良的誠意打動下，終獲得老者贈予《太公兵法》。

張良

公元前221年，秦始皇一統中原，號令天下。

諸侯國韓國滅亡，祖上三代任韓相的張良從小便立志要滅秦。

還我家國！

張良決定向滄海君請教滅秦的辦法。

滄海君

你滅秦之心很堅定，那我就告訴你一個辦法。

他是一個大力士，可以助你一臂之力。

你這是在做什麼？

大錘足足有百二十斤，對可以一下將秦始皇擊！

幾日後，二人拿着大錘埋伏在秦始皇的必經之地。

秦始皇的車隊經過。

瞄準，擲出去！

護駕！

保護陛下！

轟！

大錘砸毀了馬車，但秦始皇乘坐的卻是另一輛馬車，所以他安然無恙

抓到偷襲朕的人了嗎？

秦始皇

陛下，沒抓到人。

沒見過。

見過這個人嗎？

趕緊給朕查，朕看看是誰如此膽大包天！

秦始皇下令全城追查，張良為了逃避搜捕，只好隱姓埋名。

皇宮內。

陛下，臣無能，還沒有找到刺客。

無用之人，再給朕去找！

秦始皇始終沒有找到刺殺他的人，最後這件事也就不了了之。

131

張良雖然隱姓埋名，卻仍立志要滅秦。

雖然刺殺失敗，但我決不放棄！武力不行，那我就讀書學習，以智謀滅秦！

張良豁達的性格讓他結交了不少朋友。

小朋友，我來教你們識字吧！

來，我們把酒言歡！

來，喝酒！

一日清晨，張良外出散步。

天氣真好！

走到圯橋下時，張良發現橋上坐着一個老先生。

咦，那老先生在做什麼？

老先生悠閒地坐在橋上，閉目寧神。突然，老先生的一隻鞋掉進了水裏。

呀，是老先生的鞋！

年輕人，幫我把鞋撿回來。

老先生竟讓我撿鞋，不過他年紀大了，我就幫幫他吧。

老先生突然轉身，向張良招手。

年輕人，你過來。

我看你人很不錯，我願意傳授你知識，你願意跟我學習嗎？

我當然願意。

那我們五日後在橋上見吧。

老先生定是學識淵博的人，我一定要向他好好學習。

五日後，天還沒亮，張良就出發了。

今天，我一定比老先生早！

老先生又比我早？

還是五日後見吧！

我又晚了，是我不對。

四日後的晚上，張良躺在牀上輾轉反側。

我不睡了，現在就出發，肯定比老先生早。

半夜，張良就出發了。

張良到時，老先生還沒有到。

太好了，我終於比他早了！

沒過多久，老先生來了。

不知道年輕人這次會不會比我早。

老先生，這次我比您早。

不錯，這樣才對。

這本書就送給你吧。好好研究，一定會對你有幫助的。

張良手捧着書簡，十分感激老先生。

請問您尊姓大名？

不知也罷。

老先生贈給張良的書竟是相傳為姜子牙著的《太公兵法》。

愛卿説得對！

陛下，善戰者見利不失，遇時不疑。

張良潛心鑽研《太公兵法》，成為一代名臣，幫助劉邦滅了秦朝，建立了大漢王朝。

—— 張良的故事完 ——

<table>
<tr><td>

文化小錦囊

</td><td>

中國古代的禮儀

中國自古以來都很重視禮儀。禮儀有助建立友善的人際關係，維持社會和諧。以下是中國古代的一些禮儀，一起來認識一下吧！

</td></tr>
</table>

三朝禮

也稱「洗三」，是在嬰兒出生後的第三天舉行的洗浴儀式。這天，親友前來向新生嬰兒的父母道賀，然後父母把孩子放入暖水盆中，並在水中放入果子、彩錢、葱、蒜等，再攪動暖水，由親友撒錢於水中。寓意是洗淨污穢，使孩子潔白入世，並保佑他健康長大。

滿月禮

也稱「彌月」，是在孩子出生滿一個月時舉行的儀式，而且到現在依然是常見的慶賀新生孩子的儀式。這天，父母設下豐盛的筵席招呼親友，稱為「滿月酒」。古時候，父母還會請剃髮匠為孩子第一次剃髮，稱為「剃胎髮」。

抓周

孩子滿一歲時，會有「抓周」的禮俗。抓周當天，父母為孩子沐浴、打扮、換上新衣服。然後在孩子面前放置弓箭、紙筆、珍寶、玩具等，女孩面前還會加上針線。看孩子抓取什麼東西，以預測他將來的志向及愛好。

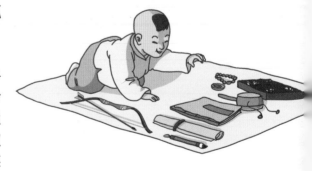

成人禮

這是由孩童踏入成年人的重要儀式。古時候，男子滿二十歲時加冠，稱為「冠禮」，之後可以娶妻；而女子則滿十五歲時行「笄禮」（笄：粵音雞），之後可以嫁人。

拱手禮

這是用於與平輩或陌生人見面時常用的禮儀。行禮時，拱手於胸前，男子用左手掌疊於右手背，左手在外，右手在內；而女子則剛好相反。若用於喪事而作的拱手，則男子的右手在外，左手在內；而女子則左手在外，右手在內。

揖禮

揖禮（揖：粵音泣）和拱手禮相似，但作揖時會同時向前彎腰，表示格外尊敬。揖禮根據對象的不同，動作也有不同：長輩對晚輩用「土揖」，行禮時手收微往下推；同輩日常見面時用「時揖」，行禮時手從胸前向外平推；在婚禮或喪禮等重要場合中，新人或喪主向長輩行禮時用「天揖」，行禮時手微微向上推，舉高齊額。

跪拜禮

跪拜禮分為九種，合稱「九拜」，包括：稽首（稽：粵音啟）、頓首、空首、振動、吉拜、凶拜、奇拜、褒拜和肅拜。其中稽首是最隆重的跪拜禮，屬於臣拜君、子拜父、學生拜師，以及拜天、拜神、拜廟的禮儀。動作是屈膝跪地，男子左手疊右手放在地上，女子則剛好相反。然後，緩緩叩頭到地。頭要叩在雙手的後面，並停留一段時間。